Anna Hollwöger / Heimo Kaindl / Heinrich Schnuderl (Hg.)

BildgeDANKen

Diözesanbischof Dr. Egon Kapellari
zum Jubiläumsjahr 2011
in Dankbarkeit gewidmet

Verlag
DIÖZESANMUSEUM GRAZ

Egon Kapellari

Geboren in Leoben in der Steiermark am 12. Jänner 1936, Studium der Rechtswissenschaften (Dr. iur. 1957) und der Theologie in Salzburg und Graz (Dr. theol. h. c. 2006), Priesterweihe am 9. Juli 1961, Kaplan in Graz-Kalvarienberg 1962 bis 1964, Hochschulseelsorger der Katholischen Hochschulgemeinde Graz 1964 bis 1981, Ernennung zum Bischof von Gurk am 7. Dezember 1981, Übernahme der Leitung der Diözese Gurk am 3. Jänner 1982, Bischofsweihe am 24. Jänner 1982 im Dom von Klagenfurt, Ernennung zum Bischof von Graz-Seckau am 14. März 2001, Übernahme der Leitung der Diözese am 14. März 2001. Stellvertretender Vorsitzender der Österreichischen Bischofskonferenz und dort Referent für Europa, Kultur, Medien und zum Teil für Liturgie. Autor zahlreicher Bücher und Publikationen.

www.graz-seckau.at

1 Bischof Dr. Egon Kapellari, Walter Melcher, 2004

Editorial

Zum genauen Hinsehen bedarf es meist eines Anlasses. Das Jahr 2011 bietet für Diözesanbischof Dr. Egon Kapellari derer gleich mehrere. Der Jubilar selbst hat sich größere Feierlichkeiten oder Geschenke verbeten. In Respekt vor diesem Wunsch möchte die steirische Kirche dennoch mit diesem kleinen Büchlein Freude zeigen und Dank sagen. Sie lädt damit zum genauen Hinsehen auf 24 Kunstwerke ein, die das Amt und das Lebensumfeld des Bischofs widerspiegeln. Die meisten Werke finden sich im Bischofhof, andere an für die Diözese bedeutsamen Orten. Einige sind allgemein bekannt, wie die älteste Darstellung des Diözesanwappens oder die Kreuzigungsgruppe von Seckau, andere gilt es zu entdecken. Allen aber ist ein Bezug zu Bischof Kapellari gemein.

Das gilt auch für die Autorinnen und Autoren, die je ein Kunstwerk interpretieren, meditieren, als Ausgangspunkt für ihre Gedanken nehmen. Sie alle – 2 × 12, als Zeichen der doppelten Fülle und Vollkommenheit – tun dies stellvertretend für die vielen, die mit und für den Bischof gearbeitet haben, und in Reverenz vor allen, die auf die eine oder andere Weise Kirche gestaltet haben und gestalten.

In diesem Sinne seien diese BildgeDANKen – ganz besonders im Jahr des Ehrenamtes 2011 – auch all jenen Menschen zugesagt, die durch ihr Engagement in unserer Kirche den Weg des Hirten der Diözese Graz-Seckau, Egon Kapellari, mitgehen.

                                        Anna Hollwöger   Heimo Kaindl

Graz, am Rupertisonntag, 25. September 2011

Vorwort

Wer in das Haus des Grazer Bischofs kommt, ist erstaunt, in diesem seit 1254 dem Seckauer Bischof zur Verfügung stehenden Wohnsitz des 57. Bischofs von Graz-Seckau, Dr. Egon Kapellari, neben einigen alten Kunstwerken so viele Schöpfungen moderner Künstler zu finden.

Schon als Hochschulseelsorger hat der jetzige Diözesanbischof Studierenden nach dem Wort des Wiener Akademikerseelsorgers Msgr. Otto Mauer einen Zugang zu zeitgenössischen Kunstschaffenden gewiesen. „Eine Generation, vor allem eine junge, muss sich solidarisch fühlen. Was dichten, malen, komponieren die Gleichaltrigen? Alles Geistige muss für alle, die geistig leben wollen, erregend sein." Der Bischof ist selbst dieser Wegweisung gefolgt, hat aber auch vielen die Augen und den Sinn für die alten Werke der christlichen Kunst und damit für die Botschaft von dem, der als das Bild des lebendigen Gottes gekommen ist, geöffnet.

Wir feiern mit unserem Bischof in diesem Jahr dankbar seinen 75. Geburtstag, sein Goldenes Priesterjubiläum, seine Erwählung in das Bischofsamt vor 30 Jahren und seine Berufung zum Bischof seiner steirischen Heimat vor zehn Jahren. Als kleines Zeichen dieser Dankbarkeit seien dem Bischof diese BildgeDANKen zugeeignet.

Wir danken unserem hochwürdigsten Bischof für seinen Dienst in unserer Kirche und in unserem Land und wünschen uns, auch weiterhin mit ihm auf Christus zu schauen.

+ Franz Lackner
Heinrich Schnuderl Helmut Burkard
für die Diözese Graz-Seckau und das Domkapitel

Der segnende Arm

*E*in Bombenangriff im Jahr 1944 hat eine außerordentliche Kostbarkeit zu Tage gefördert und ans Licht gebracht: Unweit der Räume, in denen heute das Generalvikariat untergebracht ist, fiel durch einen Bombentreffer auf den Bischofhof der Verputz von den Wänden eines Raumes. Frühgotische Fresken – vermutlich aus den Jahren zwischen 1274 und 1286 – kamen zum Vorschein. Unter den Darstellungen ist auch dieses Wappen des Bistums Seckau: der segnende Arm. Seither haben viele Bischöfe unserer Diözese, darunter auch die Bischöfe Johann Weber und Egon Kapellari, diesen segnenden Arm des Bistumswappens in ihr je eigenes Bischofswappen aufgenommen.

„Segen" – so schreibt der im April 1945 hingerichtete Bekenner Dietrich Bonhoeffer in einem Brief aus dem Gefängnis zu Pfingsten 1944 – „heißt sichtbare, spürbare, wirksam werdende Nähe Gottes. Segen will weitergegeben sein, er geht auf andere Menschen über … Es gibt nichts Größeres, als dass ein Mensch ein Segen für andere ist … Nicht nur eine Hilfe, ein Gefährte, ein Freund, sondern ein Segen. Das ist viel mehr."

Am Ende jedes Pontifikalamtes segnet Bischof Kapellari in der in diesem alten Bistumswappen dargestellten Weise. Das berührt mich immer wieder. Ich denke, dass mir und den anderen Mitfeiernden gesagt wird:
„Sei gesegnet, damit Du auch für viele andere ein Segen sein kannst!"

Helmut Burkard

2 Wappen der Diözese Seckau, 1274–1286

Wo Himmel und Erde sich berühren

*E*in monumentales Werk, das Rudolf Szyszkowitz geschaffen hat – nicht nur hinsichtlich seiner Ausmaße (183 cm × 573 cm). Man spürt förmlich den Feuersturm, die Dynamik, die sich entfacht, wenn Himmel und Erde sich berühren, wenn der Geist Gottes zur Gestaltwerdung in unserer konkreten Welt drängt. Die Berührung mit dem Geist Gottes lässt keine idyllische Formgebung zu. Die Dynamik des Geistes entfacht aber nicht Unruhe. Die als Heiligengestalten personifizierten Geistesgaben brennen und leuchten und stehen zugleich fest auf der Erde, eingefasst in das Kraftfeld des Himmels. Sie vermitteln eine Ahnung von einer Welt, in die der Geist Gottes einbricht.

3 Die Gaben des Heiligen Geistes, Rudolf Szyszkowitz, 1957

Gibt es einen besseren Ort für diese Bildbotschaft als den Bischofhof? Die „Kraft des Heiligen Geistes", die Szyszkowitz durch die Bild- und Farbkomposition zum Schwingen bringt, ist von Christus seiner Kirche zugesagt. Diese Zusage lebt und schöpft aus der Spannung von Himmelsoffenheit und Erdverbundenheit. Sie ist keine Vollkaskopolizze, sondern Herausforderung, sich dem Atem Gottes, dem Kreativitätspotential des Geistwirkens auszusetzen. In dieser göttlichen Zugluft steht ein Bischof, auch der von Graz-Seckau. Diese „blitzt" sehr oft durch, wenn er seine Berufung an den sieben Gaben des Geistes erkennen lässt: Verstand, Erkenntnis, Weisheit, Frömmigkeit, Gottesfurcht, Stärke, Rat. Ob er an der Kirche baut, das Haus Europa erklärt, „nicht zu schnell verstanden werden will", sich dem allzu Zeitgeistigen verweigert, aber auch Realitätsfernem keinen Raum gibt ...

Franz Küberl

Barmherzigkeit triumphiert über das Gericht

Die 13. Station des Kreuzwegs, „Jesus wird vom Kreuz abgenommen und seiner Mutter in den Schoß gelegt", bietet ein vertrautes Bild. Hier aber ist es Gott-Vater, der bekümmert seinen toten Sohn hält. Die ratlos aufflatternde Geist-Taube vervollständigt dieses seltene Bildnis zur „Trinitarischen Pietà".
Die spirituelle Bildaussage steht in Widerspruch zum „Gnadenstuhl", *thronus gratiae,* dem weit verbreiteten Dreifaltigkeitsbild des Mittelalters. Dort sitzt der Vater als strenger Richter auf dem Richterstuhl. Er gewährt erst Gnade, wenn sein Sohn durch sein am Kreuz vergossenes Blut Sühne für alle Schuld der Menschen geleistet hat. Das ist Satisfaktions-Theologie. Nur der ebenbürtige Sohn kann dem Vater Genugtuung für jegliche Beleidigung leisten: Er macht die Sünder gerecht. Solchen Vorstellungen von der Gerechtigkeit Gottes folgt die Rechtfertigungslehre Martin Luthers.
Die Theologie der Evangelisten Johannes und Lukas sieht ganz anders aus:
- Aus Liebe hat Gott in seinem Sohn die Schuld der Welt auf sich genommen;
- aus Liebe wird der ewige Sohn zum „verlorenen" Sohn;
- aus Liebe lässt sich der Sohn von den Räubern nicht nur halb-tot, sondern ganz tot schlagen;
- aus Liebe wird der Hirte selbst zum verlorenen Schaf, das von seinem Hirten gefunden und heimgeholt wird;
- aus Liebe ist der Sohn „zur Sünde geworden", ohnmächtig steht er mit uns seinem Vater gegenüber.

Das Erbarmen des Vaters gilt ihm und mit ihm allen, die der Barmherzigkeit bedürfen, weil sie im Gericht nicht bestehen könnten.

Philipp Harnoncourt

4 Trinitarische Pietà, Mitte des 18. Jahrhunderts

Im Gedräng

Mitten unter vielen Menschen ist das Kreuz aufgerichtet. Sie jubeln ihm zu und rufen später: „Kreuzige ihn" – und du, Pilatus, lässt es zu. Der Gottmensch Jesus Christus wählt den Tod, um den Tod zu besiegen. Die Menschen grinsen und schauen, fragen und verurteilen, diskutieren und haben Mitleid, meinen, richtig zu handeln. Der römische Offizier hält die Lanze, um die Seite des Gekreuzigten zu öffnen. Er setzt das letzte Zeichen, dass Gott sich den Menschen geöffnet hat. Der rechte Schächer ahnt die Größe dieses Ereignisses: Heute noch wirst du bei mir im Paradies sein, ist die Antwort des erhöhten Herrn. Jesus durchbricht die Grenze zwischen Zeit und Ewigkeit, öffnet das Tor zum Leben. Am Fuß des Kreuzes seine Mutter: Ihr Sohn leidet unsäglich und stirbt auf diese Weise. Maria Magdalena, die ihn an der Stimme erkennt, als er ihren Namen ausspricht, hockt hilflos darunter.

Herr, dein Kreuz ist noch immer aufgerichtet im Schnittpunkt zwischen Zeit und Ewigkeit. Wir Menschen der Vergangenheit, der Gegenwart und der Zukunft sind darunter versammelt. Durch dich ist die Liebe des Vaters zu uns erfahrbar geworden. Du schließt niemanden aus, ob wir dich kennen, lieben, vergessen haben oder verleugnen. Du bist unsere einzige Hoffnung, weil du uns liebst und sagst: Ich bin der Weg, die Wahrheit und das Leben. Wer so stirbt, auf den können wir uns verlassen. Du hast nichts für dich behalten. Du hast dich hingegeben, der Vater hat dich angenommen und uns mit dir.

Gottfried Lafer

5 Kreuzigung im Gedräng, Conrad Laib, 1457

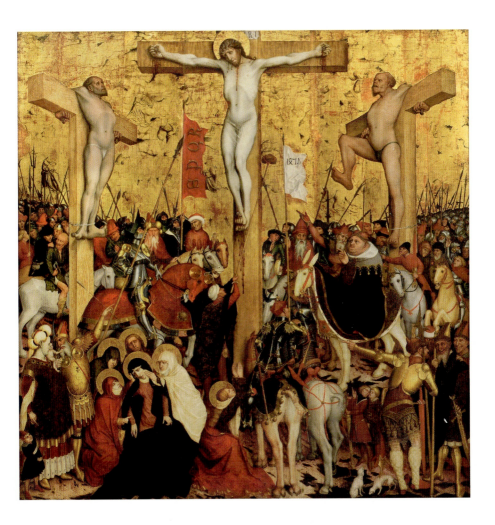

In entwaffnender Einfachheit

Der Eingang ist Programm: Im repräsentativen Stiegenaufgang des Grazer Bischofhofes hat Bischof Egon Kapellari vier Bilder anbringen lassen: Eine Reproduktion des Bistumswappens aus dem 13. Jahrhundert im II. Stock, eine großformatige barocke Schlüsselübergabe an Petrus und, jeweils die Stockwerke tiefer, zwei Glasdiptycha des in Berlin lebenden Foto- und Medienkünstlers Tobias Trutwin.

„Funkemariechen", das Doppelglasbild gleich am Eingang, zeigt ein unverstelltes, offenes Porträt eines Mädchens und ein hellblaues Feld mit der rosa Aufschrift: *deposuit potentes de sede et exaltavit humiles.* Die Farbe der Lippen also visualisiert den Ausruf Marias aus dem Magnificat (Lk 1,52), der als Sehnsucht nach der Umkehrung bestehender Herrschaftsverhältnisse – „Funkemariechen" ist eigentlich ein Begriff aus dem Karneval –, aber auch als Verdichtung zur ästhetischen, ethischen und politischen Dimension der christlichen Menschwerdungsverheißung Gottes zu lesen ist: „Er stürzt die Mächtigen vom Thron und erhöht die Niedrigen." Der offenherzige, absichtslose Blick stellt die Brisanz des Anfangs der christlichen Heilsgeschichte vor Augen, ohne Überhöhung oder Verfremdung, sondern in einer entwaffnenden Einfachheit – als ob es ein Programmbild zu einer neuen Ordnung für die Welt wäre, die das Christentum auslösen kann. Eine *Erkenntnis*, die nicht nur Maria vor Elisabeth erfährt, sondern jede und jeder, der sich auf eine solche Sicht einlässt – und all jene Gäste, die hier die Treppen emporsteigen.

Johannes Rauchenberger

6 Funkemariechen, Tobias Trutwin, 2006

Weizen Christi

*D*er *Tabernakel* – ein in der Wand ausgesparter, eng umgrenzter Raum, der im Unscheinbaren der konsekrierten Hostien göttliche Gegenwart birgt.
Aber auch verhaltene Richtungsangabe für Gebet und Anbetung – für das „Hin-Denken des Herzens auf jenen Punkt, wo die ewige Liebe einbricht in die Zeit und die Zeit aufgebrochen ist in die ewige Liebe" (Hans Urs von Balthasar).
Aus kostbaren Materialien ist der Tabernakel gefertigt. Materialien, die daran erinnern: Wir haben nichts Wertvolleres als diesen Gott, der sich entäußert ins Menschliche, bis in den Tod, bis in das Brot der Eucharistie.

Fassbar wollte Gott sein, aber unverwechselbar soll er bleiben. Das *Gold* der Ikonen, das den Tabernakel schmückt, soll daran erinnern: Im Greifbaren ist der Ungreifbare, im Irdischen das Himmlische, im Zeitlichen der Ewige.

Einige wenige *Ähren* als Zeichen, die das Unbenennbare zur Sprache bringen. Geschnitten und gebrochen – nur so können sie Brot und Nahrung werden. Heiliges Zeichen für die heilige Gabe: Jesus Christus, dessen Leben am Kreuz gebrochen wurde, ist für uns zur Speise geworden. „Wer von diesem Brot isst, wird leben. In Ewigkeit."

„Weizen Christi bin ich, ich muss durch die Zähne der Tiere gemahlen werden, um reines Brot zu werden ..." So hat es Ignatius von Antiochien im Blick auf sein Martyrium gesagt. Ein mutiges Wort. Aber nicht nur angesichts des Sterbens, auch angesichts des Lebens: Weizen Gottes, Gabe Gottes, Brot werden, von dem andere leben können.

Bernhard Körner

7 Tabernakel mit Getreideähren, Erwin Huber, 2003

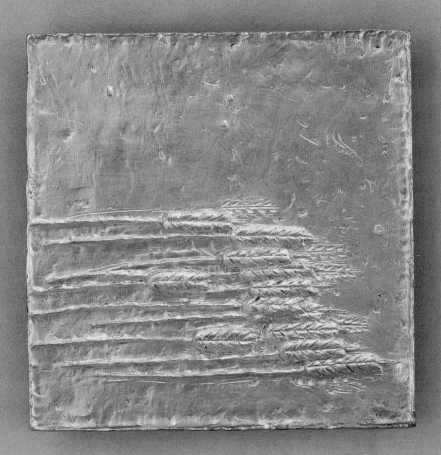

Demütig erhaben

Künstler wählen direkte Zugänge. Sie besitzen die Gabe, im Moment und intuitiv das Wesentliche zu schauen und wiederzugeben. Das trifft in hohem Maße auf das Franziskusbild von Gerald Brettschuh zu.

Franziskus, der kleine Arme aus Assisi, begegnet dem Betrachter eingetaucht in Farben von Mutter Erde demütig erhaben: kniend, nicht gebeugt; den Heiligenschein in der Hand, nicht am Haupt; edel in Gestalt und Form, Kampfspuren des Ringens nicht verleugnend. So zeigt sich die übergroße grellrot leuchtende und sonderbar verdorrt wirkende Hand gleichsam im Kontrast zur anderen mit dem Schein der Verherrlichung. Das erinnert an das Emblem der zwei gekreuzten Hände in den Klöstern der Minderbrüder – die eine von Jesus Christus, die andere von Franziskus. Die beiden Hände verweisen auf die Gemeinsamkeit im Kreuzesgeschehen: Das Zerbrechen des Meisters auf Golgota ist auch das Zerbrechen des Dieners auf La Verna. Franziskus empfängt die Wundmale des Kreuzes und wird fortan den Ehrennamen *alter Christus,* das heißt ein zweiter Christus, tragen.

Über dem gesamten Kunstwerk liegt ein demütiger Glanz von Erhabenheit und Versöhnung. Franziskus scheint am Ziel seiner Sehnsüchte angekommen: Die Zeit des Kämpfens ist vorbei, der Lauf vollendet. Vieles wurde ihm auf diesem Weg abverlangt; die Spuren davon bleiben sichtbar, dennoch ist er nicht daran zerbrochen: Der Heilige ist ein Gezeichneter der Liebe zu Gott und allen Geschöpfen. Das Bild lässt schauen, was letzte Worte des Armen und Kleinen aus Assisi sagen: „Ich habe das Meine getan."

Franz Lackner

8 Hl. Franziskus von Assisi, Gerald Brettschuh, 2007

Das Schiff der Kirche

*T*ausende ertrinken heute vor den Toren Europas, gestartet mit zu großen Sehnsüchten und zu kleinen Booten. Schläft Jesus schon wieder? Oder ist er selber hilflos angesichts der Gewalten, festgenagelt, fixiert und ruhiggestellt? Die paradox anmutende Mischung aus alpiner Idylle und übermächtigen Bedrohungen von oben und von unten gemahnt an die Frage, ob denn das Schiff der Kirche zeitgemäß unterwegs ist. Gelingt die Balance zwischen Bewahren und Verändern, zwischen Amt und Prophetie, zwischen dem Erkennen der Zeichen der Zeit und Zeitgeistigkeit? Wird das Traditionsargument billig missbraucht für eine antimodernistische Abkapselung von einer sich zu rasch beschleunigenden und dadurch überfordernden Welt?

Es wird nicht reichen, sich in einem ruhigen Hafen abzukapseln vor den Stürmen. Es wird notwendig sein, den alten Kahn gegen ein modernes und damit sicheres Schiff zu tauschen. Es wird geschehen, dass das Anpacken, die konkrete Arbeit der Beteiligten sich radikal verändert. Hinter all dem bleibt die Frage, ob durch all dies der Einfall des Lichtes in diese Welt ermöglicht oder behindert wird. Zeichen und Werkzeug für die Liebe Gottes und der Menschen zu sein – daran werden die Jünger Christi auch dann zu erkennen sein, wenn Festgefügtes plural zerfließt und Idylle sich postmodern relativiert.

Georg Plank

9 Gewitter am See, Friedrich Gauermann (?), um 1860

Schönheit und Wahrheit

*T*ulpen, Narzissen, Iris und Amaryllis, in ihren bunten, leuchtenden Farben, ungeordnet und doch so selbstverständlich und unkompliziert in die Vase gestellt, schmücken den Frühstückstisch. Man kommt ins Schauen, Staunen und Denken. Da hat einer die stille Schönheit der kleinen Welt entdeckt und sie mit dem Pinsel festgehalten. Dieser fromme Mensch Franz Weiß, aus dem Tregisttal bei Bärnbach, hat mehr entdeckt. Da ist nichts falsch oder unwahr in diesem Bild. In seiner Einfachheit öffnet es Türen hinein in das Inwendige der Schöpfung. Es ist ein ehrliches Bild und wohl darum schön. Bischof Kapellari verweist in seinem Buch „Bis das Licht hervorbricht – Fragen zwischen Kirche und Kunst" auf einen Aufsatz von Günter Rombold „Die Wahrheit der Kunst". In diesem meint Rombold, dass alle Schönheit ohne Rückbindung an die Wahrheit leicht zum schönen Schein degeneriere, illusionären Charakter habe, der Verantwortung entbehre und „Behübschung" sei.

Das Blumenbild von Franz Weiß, eines seiner vielen, ist „wahr". Er kann nicht anders den Pinsel führen, weil er bei der „Wahrheit", bei seinem Gott, festgemacht ist. Man ist versucht, bei diesem schlichten Bild an das Wort Dostojewskis zu denken: „Das Schöne wird die Welt erlösen." Mir scheint, dies ist beim Betrachten dieses Blumenbildes erlaubt.

Willibald Rodler

10 Blumenstillleben, Franz Weiß, 1986

In liebender Verbundenheit

Alexander Silveri, ein Meister der plastischen Gestaltung, zeigt diese Könnerschaft auch in seinem Werk „Maria mit Kind", das in der Michaelskapelle des Bischöflichen Schlosses Seggau steht.

Wenn ich der Darstellung einen Namen geben müsste, würde ich sie „Das Oszillieren der Liebe" nennen. Denn sie gewinnt ihre Kraft aus der Bezogenheit der Gestalten zueinander.

Was die Beziehung ausmacht, zeigt sich in ihren Gesichter, erkennt man an der Gerichtetheit der Körper. Es gibt hier keine romantische Innigkeit zwischen Mutter und Kind. Maria ist mehr eine junge – durchaus erotische – Frau als eine Mutter, Jesus eher ein selbständiges Wesen als ein schutzbedürftiges Kind.

Beide erwecken überhaupt den Eindruck, es handle sich um zwei Erwachsene, die – im positiven Sinne – in einer abgeklärten Beziehung zueinander stehen. Sie blicken in dieselbe Richtung, wissen um ihre Schicksale und gehen – denen zum Trotz – die Wege gemeinsam – in liebender Verbundenheit.

Hier sind zwei Menschen, die sich in völliger Freiheit immer wieder füreinander entscheiden und in diesem Füreinander neue Freiheit gewinnen.

Damit ist die Darstellung ein beeindruckendes Bild und Zeugnis für die Beziehung zwischen Gott und Mensch: Gott, der sich in Freiheit dem Menschen zuwendet. Der Mensch, der Gott in Freiheit auf – den Schoß – nimmt.

Dadurch entsteht der Raum für das Oszillieren der Liebe.

Helmut Kirchengast

11 Maria mit Kind, Alexander Silveri, 1960

Idyll und Tremendum

Aus starken Komplementärkontrasten und dem spannungsvollen Gegensatz von kalligraphisch anmutenden Linien und fließenden Farbflächen komponiert Franz Yang-Močnik dieses Bild. Der Einfluss fernöstlicher Bildsprache und Ästhetik ist spürbar. Der Bildtitel führt jedoch in die unmittelbare Lebenswelt des Künstlers: Bereits in früher Kindheit faszinierte ihn das Licht- und Farbenspiel an der Wasseroberfläche eines nahe seines Kärntner Heimathauses gelegenen Weihers, dessen abgründige Dunkelheit aber auch Furcht und Respekt einflößte.

In der Zeit von Bischof Kapellari als Hochschulseelsorger liegt der Beginn der Bekanntschaft mit dem Künstler. Begegnungen, Gespräche und einige Aufträge folgten; und auch die Entstehung dieses Bildes hat der Bischof aufmerksam begleitet. 2010 stiftete er für die Kirche der Grazer Schulschwestern das erste und bisher einzige Werk des Künstlers für einen Sakralraum. Auch im monumentalen Bild des auferstandenen Christus wird die Oberfläche zum unauslotbaren Tiefengrund: Eine Lichtgestalt scheint in ihrem auf der Standfläche gespiegelten Bild in den Schöpfungskosmos einzutauchen.

Im Bild für den Bischofhof lässt Yang-Močnik den Eindruck eines Gemäldes eines japanischen Künstlers von einem mit Bäumen umstandenen Teich im Spätherbst mit Erinnerungen seiner Kindheit verschwimmen. Nähe und Ferne, Linie und Fläche, Abstraktes und Konkretes, Idyll und Tremendum verschränken sich in dem Werk auf geglückte wie harmonische Weise.

Alois Kölbl

12 Weiher in der Frühlingssonne, Franz Yang-Močnik, 2003

Erst auf den zweiten Blick

Auf den ersten Blick wirkt die Arbeit Fritz Hartlauers wie ein ornamentales Teppichmuster. Ähnliche Formen von Quadraten und Achtecken zeichnen ein Bild ohne schnell erkennbare Inhalte. Erst auf den zweiten Blick wird ein klares Liniengeflecht von Vertikalen, Horizontalen und Diagonalen wahrnehmbar. Bei vertieftem Hinsehen tauchen aus der graphischen Struktur lesbare Formen auf, etwa Flügelartiges, formal reduzierte Gesichter oder Kreuze, die für den Künstler im Laufe seines Schaffens besonders wichtig wurden. Das Kreuz ist für ihn einerseits Zeichen einer Polarisierung, der eine Dynamik innewohnt, andererseits liegt in ihm die Möglichkeit, mit einem Gegenüber, einem Du, eins zu werden. „Die Liebe entspricht dem Kreuzen, dem Kreuz, dem Annehmen des anderen", so zitiert Alois Kölbl den Künstler Hartlauer.

Manches in der Arbeit Hartlauers ist vergleichbar mit der Art des Denkens, wie es von Bischof Kapellari gelebt und gefordert wird. In ständigem Suchen steht Unterschiedliches, Widersprüchliches und Gegensätzliches scheinbar ungeordnet nebeneinander. Erst im Gespräch wird durch Hinterfragen und Widerspruch, durch Zustimmung und Einrede geprüft und gewichtet, so lange aus allen Blickwinkeln beleuchtet und in der Tiefe gesucht, bis sich eine Antwort auf eine Fragestellung abzeichnet. Wenn diese sich abzeichnende Position den Argumenten standhält, kann die Entscheidung umgesetzt oder die erarbeitete Position in den gesellschaftspolitischen Diskurs eingebracht werden.

Herbert Beiglböck

13 Urzellensystem 6, Fritz Hartlauer, 1958

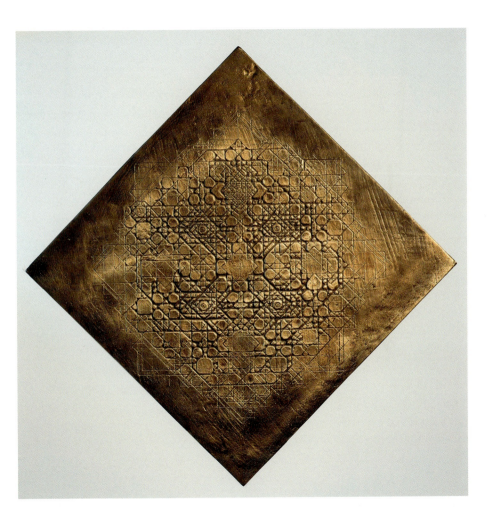

Epiphanias

*I*m ersten Schauen des Bildes drängt sich mir unabwendbar das Prophetenwort in den Sinn: *Finsternis bedeckt die Erde und Dunkel die Völker, doch über dir geht leuchtend der Herr auf* (Jes 60,2). Der anonyme Künstler bedient sich vorwiegend gedämpfter Farben. In der Huldigungsszene aber setzt er auf warme, helle Töne und lenkt so den Blick auf das Kind und seine Mutter. Von ihnen geht ein Leuchten aus, das die herannahenden Könige in den Glanz mit hineinnimmt. Im Licht schimmert auch der Himmel, und ein kleiner, zarter Stern nimmt Verbindung mit dem Kind auf: In der Geburt des Gottessohnes versöhnen sich Himmel und Erde, Gott und Mensch.

Je länger ich das Bild schaue, umso lebendiger wird es, und wieder vernehme ich Jesaja: *Völker wandern zu deinem Licht und Könige zu deinem strahlenden Glanz. Sie alle versammeln sich und kommen zu dir* (Jes 60,3–4a). Viel Volk – aller Nationen und Stände, Frauen, Männer, Kinder – ist auf dem Weg zum „wahren Licht", dem Abglanz des Vaters. Der Erlöser der Welt hat sein Kommen nicht nur dem Volk Israel durch Propheten angekündigt, sondern *die Gnade Gottes ist erschienen, um alle Menschen zu retten* (Tit 2,11), um alle an sich zu ziehen, die an ihn glauben. Im Schauen bin auch ich mit hineingenommen in die Gefolgschaft und werde Mitpilgernde zum Heiland der Welt. Den Stern vor Augen darf ich getrost sein, das Ziel zu erreichen und eines Tages einzustimmen in den Gesang der Kirche: *Meine Augen haben das Heil gesehen, das du vor allen Völkern bereitet hast* (Lk 2,30f).

Edith Maria Prieler

14 Anbetung der Könige, 18. Jahrhundert

Erbe und Auftrag

*E*in junger Benediktiner, gekennzeichnet mit dem Stab als Abt, begleitet von einer Hirschkuh, steht im Arbeitszimmer von Bischof Kapellari. Es ist Ägidius, von dem die Legende berichtet, er habe sich als Einsiedler in die Wälder der Provence zurückgezogen und sich von der Milch einer Hirschkuh ernährt. Auf der Jagd verfolgte der Westgotenkönig Wamba das Tier, stieß auf Ägidius und stiftete daraufhin 680 die Benediktinerabtei St-Gilles. Ägidius stand dem Kloster am Pilgerweg nach Santiago als erster Abt vor. Nach seinem Tod als Heiliger verehrt, wurde Ägidius als Schutzpatron stillender Mütter, Bettler, Krüppel und des Viehs, gegen Pest, Aussatz, Feuer und Sturm sowie in geistiger Not und Verlassenheit angerufen. Als einziger Nicht-Märtyrer wurde er einer der 14 Nothelfer, der „Universalversicherung" des Mittelalters.

So verwundert es nicht, dass dieser moderne Heilige im 12. Jahrhundert der Schutzpatron der ersten Pfarre von Graz wird. Damit wird auch die Stadt unter seinen Schutz gestellt, woran z. B. der rund um den Festtag am 1. September stattfindende Ägidimarkt erinnert. 1786 wurde mit der Verlegung des Diözesansitzes von Seckau nach Graz die Kirche des hl. Ägidius zur Domkirche.

Auf Stadt- und Dompatron weist heute die gotische Statue umgeben von barocken und zeitgenössischen Kunstwerken im Bischofhof hin. Sie ist in ihrer Schönheit Erinnerung und Zeugnis der steirischen Kirche. Und sie ist der Auftrag, die Gegenwart und Zukunft mit ihren Herausforderungen für die Menschen des Landes mitzugestalten.

Heimo Kaindl

15 Hl. Ägidius, um 1500

Ein treuer Hirte

*D*ie Kirche lebt. Sie wird zwar wie ein Schiff auf stürmischer See von verschiedenen Kräften hin und her bewegt, aber sie vertraut, dass in allen Gefährdungen ihr Herr sie nicht verlässt.

Die Geschichte unserer Diözese seit ihrer Gründung 1218 ist dafür ein beredtes Zeugnis. Kaiser Joseph II. hat im Gebiet der jetzigen Steiermark zwei Diözesen errichtet – das Bistum Seckau mit Sitz in Graz und das Bistum Leoben. Die Diözese Leoben hatte nur einen Bischof, Alexander Franz Joseph Graf Engl von und zu Wagrain, der nach seiner Ernennung 1783 bis 1800 das Hirtenamt ausgeübt hat – in einer kirchlich von der aufklärerischen Reform geprägten und politisch durch die Napoleonischen Kriege sehr stürmischen Periode. 1797 hatte der im ehemaligen Benediktinerinnenkloster Göß residierende Bischof den französischen General Napoleon Bonaparte, der in Leoben einen Vorfrieden mit Österreich verhandelte, zu beherbergen. Nach dem Tod des Bischofs 1800 wurde die Diözese Leoben ab 1808 vom Grazer Bischof mitverwaltet und endgültig 1859 mit dem Seckauer Bistum verbunden.

In seinen Grazer Amtsräumen hat Bischof Kapellari, selbst aus der Montanstadt stammend, ein Bild dieses einzigen Leobener Bischofs angebracht und dadurch diesem wie auch der obersteirischen Diözese ein Denkmal gesetzt. Der Grabstein für den Leobener Bischof, der vom Erhardifriedhof zur Gösser Stiftskirche neben das gotische Portal übertragen worden ist, erinnert an den Bischof und „aufgeklärten Lehrer", der in schwieriger Zeit „ein treuer Hirt" war.

Heinrich Schnuderl

16 Alexander Graf Engl von und zu Wagrain, 1783–1800

Raum, Formen, Farben, Zeit, Licht

Große Kunst lässt einen still stehen, schauen, schauen, und von allem anderen absehen oder weghören. Plastik, Bild, Text, Musik im Außenraum und der Innenraum der eigenen Gedanken und Gefühle fügen sich – wenn vielleicht nur für Momente – zu *einer* Welt, die es so sonst nicht gibt. George Steiner hat diese Erfahrung „Präsenz" genannt, reale Gegenwart von Transzendenz.

Wolfgang Holleghas Bild hat eine eigenartige Räumlichkeit und Zeitlichkeit. Farbflächen schieben sich wie sommerliche (?) Wolken von allen Seiten her ineinander und übereinander, sodass auf der Leinwand der Eindruck großer Raumtiefe entsteht. Es ist, als wäre das Innehalten einer ganz langsamen Bewegung festgehalten. Paradox, wie gerade die stillgestellte Bewegung ein starkes Gefühl des Vergehens von Zeit hervorruft. Und dann: Aus der Tiefe des Bildraums und der Bildzeit strahlt – als seien die Farbwolken gerade aufgerissen – Licht. Es verströmt sich in die vielen Farben und sammelt sie zugleich.

Wenn Bilder den Titel „Ohne Titel" tragen, so wollen sie freigehalten sein von einengenden Interpretationen oder Zwecken, die das Spielerische der Kunst zurückdrängen. Dennoch möchte ich Holleghas Bild einen Titel geben: Das Staunen. Staunen über die Existenz des Menschen in Raum und Zeit, über das Licht, das von irgendwoher nach wer weiß wohin leuchtet. Gehört nicht solch elementares Staunen zum Wesen des Glaubens?

Harald Baloch

17 Ohne Titel, Wolfgang Hollegha, um 2000

Mutter und Kind

*E*ine königliche Madonna: Auf einem Thron sitzend, gekrönt, prächtig gekleidet, hält Maria Jesus, den Herrscher der Welt. Sie ist die *sedes sapientiae,* der Sitz der Weisheit Gottes. Die Würde der Macht bleibt spürbar, auch wenn die Zeit die Farben verblassen und die Insignien der Macht absplittern ließ. Doch diese Veränderungen lassen die ganz alltägliche Szene besser erkennen, die hier – auch – dargestellt ist:

Eine Mutter hebt ihr kleines Kind auf ihren Schoß und hält es schützend fest. Das Kind fühlt sich sicher, hat dasselbe sanfte Lächeln im Gesicht wie seine Mutter. In diesen Momenten inniger Geborgenheit steht die Zeit still.

Wir alle haben diese Momente erlebt, als Kind hoffentlich und vielleicht als Elternteil. Als Mutter begleitet mich die egoistische Sehnsucht, diese Augenblicke zu bannen, das Gefühl des geliebten Kindes an mir in mich hineinzubrennen – wissend, dass das Kind mit jedem Atemzug aus meiner in seine eigene Welt hineinwächst. Diese Maria hier scheint das auch zu spüren. Wenngleich die linke Hand Jesus gut hält, weist die rechte mit beredter Geste auf das Kind: Seht auf ihn, achtet auf ihn, dieses Kind ist etwas Besonderes. Noch lehnt Jesus an seiner Mutter, doch er ist schon ein großer Knabe, hält das Buch, das damals wie heute ein Fenster in die Zukunft ist. Noch sind sie beide eins, bilden eine gemeinsame himmelwärts weisende Linie. Doch die Mutter weiß, dass sie ihr Kind gehen lassen muss, um ewig in Verbundenheit mit ihm zu leben.

Anna Hollwöger

18 Maria mit Kind, um 1300

Begegnungen unter dem Kreuz

Hans Staudachers Bild „Zum Kreuz hin" hängt in den Amtsräumen des Bischofhofes in Graz. „Zum Kreuz hin führt unser Weg zum Kreuz HIN HIN!", ist darauf zu lesen.

Unter dem Kreuz-Bild finden zahlreiche Begegnungen statt, viele Lebens- und Glaubenswege kreuzen sich dort. Jeder dieser Wege ist einzigartig, hat Hoffnungen, aber auch Sorgen, kann Umwege, scheinbare Irrwege und neue Wege beschreiben. Unter dem Kreuz-Bild wird die Wegstrecke der dem Bischof anvertrauten Ortskirche inmitten des menschlichen Wegenetzes konturiert.

Zum Kreuz hin weist der Dienst der Bischöfe, und vom Kreuz her ist er getragen. Das zeigt auch das Brustkreuz, das Pektorale, von dem Hanns Koren einmal geschrieben hat, dass besonders es „den eigentlichen Sinn der Würde eines Nachfahren der Männer vom See Genezaret verbürgt".

Peter Rosegger

19 Zum Kreuz hin, Hans Staudacher, um 1960

Höre, Israel

Was ist das Entscheidende? Was muss ein Mensch tun, um ein gelingendes Leben zu führen?

Jesus antwortete dem Schriftgelehrten: Das höchste Gebot ist: Höre, Israel, der Herr, unser Gott, ist Herr allein und du sollst den Herrn, deinen Gott, lieben mit ganzem Herzen, mit ganzer Seele, mit all deinem Verstand und mit all deiner Kraft. Das andere ist: Du sollst deinen Nächsten lieben wie dich selbst.

Jesus zitiert einen Text der hebräischen Bibel, der sich zum jüdischen Bekenntnis schlechthin entwickelt hat. Bis heute wird es in jedem Gottesdienst gesprochen. Die Kinder lernen es, wie bei uns das Vaterunser. Ein Gebet für alle Lebenslagen. Selbst Juden, die dem Glauben Israels fremd geworden sind, ist dieses Bekenntnis vertraut. Es ist noch da, wenn alles andere vergessen ist.

„Höre, Israel, der Herr, unser Gott, ist Herr allein."

Er – der Schöpfer der Welt, Befreier aus Ägypten, Geber der Weisung und der Gebote.

„Höre, Israel, der Herr, unser Gott, ist Herr allein."

Vergewisserung, dass diese Welt nicht sinnloses Chaos ist. Erinnerung, dass nicht Geld die Welt regiert, dass es anderes geben muss im Leben. Hoffnung und Wunsch, dass Gott der Herr der Welt werde, durch Menschen, die ihn *„lieben mit ganzem Herzen, mit ganzer Seele, mit all ihrem Verstand und mit all ihrer Kraft"*.

„Höre, Israel, der Herr, unser Gott, ist Herr allein."

Wenn wir uns das mit Jesus zu eigen machen, bekennen auch wir uns zum Gott Israels. Denn der Gott Israels ist kein anderer als der Gott Jesu Christi.

Christian Leibnitz

20 Christus unter den Schriftgelehrten, nach Jusepe de Ribera, 1651/56

Aus unserem Holz geschnitzt

„Allahu akbar! – Gott ist größer!", lautet der Gebetsruf der Muslime. Ähnliches steht auch in der Bibel. Alle Religionen sind sich darin einig: Gott ist groß und der Mensch kann von Gott nie groß genug denken. Das Staunen vor der unendlichen Größe Gottes gehört zum Kern jeder Religion.

Das Besondere des Christentums liegt darin, dass es zugleich zu verkünden wagt: Der unendlich große und unsterbliche Gott hat sich freiwillig klein gemacht und ist in Jesus ein sterblicher Mensch geworden. Krippe und Kreuz – in diesem Schnitzbild sinnreich vereinigt – führen es vor Augen: Er, der „ganz Andere", ist einer von uns geworden. Er, der aus Gott kommt und Gott ist, ist zugleich „aus unserem Holz geschnitzt". Er durchlebt ein echtes Menschenleben, kennt unser Menschsein von innen, weiß um unser Angewiesensein auf Liebe und lebt diese Liebe selbst „bis zur Vollendung" (Joh 13,1). Auch Todesangst und – so paradox es klingt – „Gottverlassenheit" (Mk 15,34) nimmt er auf sich. Er stirbt einen der schrecklichsten Tode, den die Antike kennt. So wird er allen Menschen, vor allem aber jenen, die als „Verlorene" gelten, ein Bruder, der ihr Herz kennt, ihre Not sieht, ihr Versagen heilen will. Und wie ihn der Tod nicht für immer festhalten kann, so will er auch seine Menschenbrüder und -schwestern zu einem Leben befreien, das der Tod nicht zerstören kann. Das Kreuzesholz wird zum Lebensbaum.

So groß und so klein ist Gott.

Karl Veitschegger

21 Krippe – Kreuz, 14. Jahrhundert

Begrüßt von Maria

„Ich sehe dich in tausend Bildern", heißt es in einem Marienlied. Eines dieser Bilder, das eine besondere Würde ausstrahlt, hängt im Eingangsbereich der bischöflichen Amtsräume. Es ist das erste, worauf der Blick der vielen Menschen fällt, die Tag für Tag zum Bischof kommen. Viele von ihnen, jeder mit seinem Leben und alle mit verschiedenen Anliegen, warten vor diesem Bild. Manche fühlen sich vom Anblick dieser jungen Mutter Gottes getröstet und gestärkt.

Verlässt man die Räume des Bischofs, geht man wieder an diesem Marienbild vorüber. „Maria mit dem Kinde lieb, uns allen deinen Segen gib" – diese Bitte kommt vielleicht dem einen oder anderen beim Abschied in den Sinn.

Vor diesem Bild stehen immer Blumen. Dafür zu sorgen, dass sie schön sind, ist eine meiner Aufgaben. Ob bunt oder einfärbig, prächtig oder schlicht, für mich strahlen die Blumen immer Liebe und Verehrung aus – zur Jungfrau Maria, die würdig war, Christus zu tragen, den Heiland der Welt.

Sr. Hemma Ogertschnig

Gnadenbild Mariahilf von Passau (Kopie), 18. Jahrhundert

Wunderbarer Tausch

Martin Roths Diptychon stellt den Kruzifixus einmal auf gelbem und einmal auf schwarzem Hintergrund dar, in der ikonographischen Tradition der Popart. In die Leibesmitte hat er je eine Art Zielscheibe und über die Augen je eine Augenbinde gemalt. Wenn die Zielscheibe die der *conditio humana* eingeschriebene prinzipielle Betreffbarkeit von Leid, deren letzte Konsequenz der Tod ist, beschreibt, kann die Augenbinde als Anonymisierung verstanden werden: Jeder kann ein vom Leid betroffener Kruzifixus sein.

Der gelbe und der schwarze Hintergrund weisen darauf hin, dass es – religiös gesprochen – Menschen gibt, die für sich in Anspruch nehmen, eine Hoffnung über Leid und Tod hinaus zu haben (gelb), und solche, die dies nicht können (schwarz). Dies spiegelt unsere postsäkulare Gesellschaft.

Der christliche Glaube hält daran fest, dass in letzter Konsequenz auch jene Menschen ohne eine solche Hoffnung von Gott in und durch Jesus Christus nicht verlassen sind. Insofern ist der Kruzifixus auch auf schwarzem Hintergrund eingezeichnet und korrespondiert mit dem auf dem gelben Hintergrund schwarz eingezeichneten Kruzifixus: Dieser weist darauf hin, dass in Jesus Christus am Kreuz und in seiner Auferstehung das Leid dieser Welt nicht negiert, sondern ausgetragen wird. In dieser Perspektive hat der Tod nicht das letzte Wort. Dieses Diptychon ist damit auch ein Interpretament der großen Tradition des wunderbaren Tausches als *commercium caritatis* (Augustinus) in Menschwerdung, Kreuz und Auferstehung Christi.

Christian Lagger

23 Black Jesus – Yellow Jesus, Martin Roth, 2002

Türöffner und Wegweiser

Auf dem Weg in die Kapelle des Bischofhofes, der Herz-Kammer des Hauses, begegnet dem Besucher dieser Engel. Mit weit ausladender Gestalt, so unfassbar wie das Geheimnis, das sich hinter ihm auftut, durchbricht er die Grenzen des ihm zur Verfügung stehenden Raumes. Souverän wartet er hier an der Schwelle zwischen geschäftigem Treiben und stiller Gegenwart auf den Vorbeikommenden. Wie vielen mag er wohl schon die Tür hin zu Gott geöffnet haben? Wie viele wird er in all den Jahren schon begleitet haben, hinein in die Stille dieses Ortes? Wie viele Freuden und Sorgen um das Leben und um die Kirche wird er hier schon miterlebt haben?

Fast scheint es, der Engel stellt sich schützend vor das Geheimnis, das zu hüten ihm aufgetragen ist. Doch die Konturen seiner feinen Gestalt laden ein, näher zu treten und zu sehen, was sich hinter ihm verbirgt. Ohne sich seinem Betrachter aufdrängen zu wollen, lässt er etwas durchscheinen von der Menschenfreundlichkeit Gottes und lädt mitten im Alltag ein, zu schauen, was sich oft hinter den Dingen verbirgt. Hier auf dem Weg in Gegenwart Gottes wirkt der Engel für den Menschen wie ein Vorangehender, der zugleich schützend über ihn wacht und der stellvertretend für ihn bleibt, wenn er sich wieder aufmacht in die Anforderungen des Alltags. Dort hinein gibt er die stete Aufgabe mit, für andere zum Türöffner und Wegweiser auf das Geheimnis Gottes hin zu werden, wie der Engel selbst einer ist.

Tamara Strohmayer

Ein Siegeszeichen der Hoffnung

Die Seckauer Kreuzigungsgruppe stammt aus dem 12./13. Jahrhundert. Die Darstellung des Gekreuzigten ist einige Jahrzehnte jünger als die beiden Figuren Maria und Johannes.

Die frühesten Kreuzdarstellungen der Kunst sind als Siegeszeichen gestaltet, etwa in der Form des Gemmenkreuzes. Erst Ende des 6. Jahrhunderts entstehen in der Buchmalerei Kreuze mit dem Corpus des Gekreuzigten.

Oft ist das Kreuz die Darstellung des Karfreitags. Der Seckauer Christus zeigt vielmehr die Ruhe und den Frieden hochromanischer Kruzifixe, ohne jede Spur des physischen Leidens. Der tote Körper hängt nicht am Kreuz, er schwebt vielmehr und deutet dadurch die Auferstehung an. So ist das Kreuz als Siegeszeichen gestaltet. Nicht die Qual des Leidenden und Gemarterten soll dargestellt werden, sondern der Ostersieg Jesu Christi, der über die Passion hinausweist. Auf dem Antlitz des Gekreuzigten liegt der Friede der Worte Jesu: „In deine Hände lege ich meinen Geist" und „Es ist vollbracht". Das Antlitz Christi befreit jeden, der gläubig zu ihm aufschaut.

Unter dem Kreuz stehen Maria und Johannes. Maria im priesterlichen Gewand stellt die Kirche dar, die die Erlösung Jesu durch das Kreuz in den Sakramenten den Menschen vermittelt. Johannes hält das Buch in der Hand. Es weist auf die Offenbarung hin, auf das Wort Gottes an die Menschen.

So ist die Seckauer Kreuzigungsgruppe ein Zeichen der Hoffnung und der Auferstehung.

P. Severin Schneider OSB

25 Seckauer Kreuzigungsgruppe, um 1160 bis um 1220

Verzeichnis der Autorinnen und Autoren

Baloch Harald, Mag. Dr. theol., bis 2007 Berater des Bischofs der Diözese Graz-Seckau für Wissenschaft und Kultur

Beiglböck Herbert, Mag. theol., MBA, Ökonom und Wirtschaftsdirektor der Diözese Graz-Seckau

Burkard Helmut, Mag. theol., Domdechant und Domkapitular, von 1997 bis 2011 Generalvikar der Diözese Graz-Seckau

Harnoncourt Philipp, Dr. theol. et Dr. theol. orth. h. c., Domkapitular, em. Univ.-Prof. für Liturgiewissenschaft an der Katholischen Fakultät der Karl-Franzens-Universität Graz

Hollwöger Anna Magdalena, Mag.ª iur., Leiterin des AK Umfassender Schutz des Lebens – aktion leben in der Katholischen Aktion und Beauftragte für Lebensschutz und Lebensförderung der Diözese Graz-Seckau

Kaindl Heimo, Mag. phil., Direktor des Diözesanmuseums Graz und Diözesankonservator der Diözese Graz-Seckau

Kirchengast Helmut, Mag. theol., Direktor der Bischöflichen Gutsverwaltung Schloss Seggau

Kölbl Alois, Mag. theol. et Mag. phil., Hochschulseelsorger an der Katholischen Hochschulgemeinde und an den Universitäten und Fachhochschulen in Graz

Körner Bernhard, Mag. Dr. theol., o. Univ.-Prof. für Dogmatik an der Katholischen Fakultät der Karl-Franzens-Universität Graz

Küberl Franz, Dr. theol. h. c., Direktor der Caritas der Diözese Graz-Seckau und Präsident der Caritas Österreich

Lackner Franz, Mag. theol. et Dr. phil., Weihbischof der Diözese Graz-Seckau, Bischofsvikar

Lafer Gottfried, Bischofsvikar, Dompropst und Domkapitular, Dompfarrer in Graz

Lagger Christian, Mag. Dr. theol. et Mag. phil., Geschäftsführer des Krankenhauses der Elisabethinen Graz

Leibnitz Christian, Mag. theol., Domkapitular, Propst und Pfarrer der Stadtpfarre zum Hl. Blut in Graz, Leiter des Bischöflichen Amtes für Schule und Bildung der Diözese Graz-Seckau

Ogertschnig Sr. Maria-Hemma, Bischöflicher Haushalt

Plank Georg, Mag. Dr. theol., Pressesprecher und Leiter des Bischöflichen Amtes für Öffentlichkeitsarbeit und Kommunikation der Diözese Graz-Seckau

Prieler Edith Maria, Mag.ª theol., Weihbischöfliches Sekretariat

Rauchenberger Johannes, Mag. Dr. theol. et Mag. phil., Leiter des Kulturzentrums bei den Minoriten in Graz

Rodler Willibald, Mag. Dr. theol., von 2004 bis 2011 Bischofsvikar, Domkapitular, Provisor des Pfarrverbandes Kaindorf / Ebersdorf

Rosegger Peter, Mag. theol., Bischöflicher Sekretär

Schneider P. Severin OSB, Dr. phil., Benediktinerabtei Seckau

Schnuderl Heinrich, Mag. Dr. theol., Bischofsvikar, Domkapitular, Generalvikar der Diözese Graz-Seckau

Strohmayer Tamara, Mag.ª theol., Leiterin des Bischöflichen Amtes Junge Kirche der Diözese Graz-Seckau

Veitschegger Karl, Mag. theol., stellvertretender Leiter des Bischöflichen Pastoralamtes der Diözese Graz-Seckau

Abbildungen und Bildnachweis

Umschlag Vorderseite:
Hl. Rupert, Maria mit Kind und Heiliger Geist
Detail aus:
Die Gaben des Heiligen Geistes
Rudolf Szyszkowitz, 1957
Tempera auf Leinwand
Graz, Bischofhof, Bischöfliche Amtsräume
Foto: Christian Jungwirth

1 Bischof Dr. Egon Kapellari
Walter Melcher, 2004
Linoldruck auf Papier
Graz, Bischofhof, Bischöfliche Amtsräume
Foto: Christian Jungwirth

2 „Der segnende Arm" – das älteste Wappen der Diözese Seckau
1274–1286
Fresko
Graz, Bischofhof, Freskenraum
Archiv Diözesanmuseum Graz, Foto: Heimo Kaindl

3 Die Gaben des Heiligen Geistes
Rudolf Szyszkowitz, 1957
Tempera auf Leinwand
Graz, Bischofhof, Bischöfliche Amtsräume
Foto: Christian Jungwirth

4 Trinitarische Pietà
Steiermark, Mitte des 18. Jahrhunderts
Graz, Bischofhof, Bischöfliche Amtsräume
Foto: Gerhard Ohrt

5 Kreuzigung im Gedräng
Conrad Laib, 1457
Öl auf Holz
Graz, Domkirche Hl. Ägidius, Friedrichskapelle
Foto: Christian Jungwirth

6 Funkemariechen
Tobias Trutwin, 2006
Glas, Diptychon
Graz, Bischofhof, Stiegenhaus
Foto: Christian Jungwirth

7 Tabernakel mit Getreideähren
Erwin Huber, 2003
Metall, vergoldet
Graz, Bischofhof, Hauskapelle
Foto: Christian Jungwirth

8 Hl. Franziskus von Assisi
Gerald Brettschuh, 2007
Öl auf Leinwand
Graz, Bischofhof, Weihbischöfliche Amtsräume
Foto: Christian Jungwirth

9 Gewitter am See
Friedrich Gauermann (?), um 1860
Öl auf Leinwand
Graz, Bischofhof, Bischöfliche Amtsräume
Foto: Christian Jungwirth

10 Blumenstillleben mit Tulpen, Narzissen, Iris und Amaryllis
Franz Weiß, 1986
Hinterglasmalerei
Graz, Bischofhof, Empfang
Foto: Christian Jungwirth

11 Maria mit Kind
Alexander Silveri, 1960
Bronze, gegossen
Schloss Seggau, Kapelle Hl. Michael
Foto: Gerhard Ohrt

12 Weiher in der Frühlingssonne
Franz Yang-Močnik, 2003
Mischtechnik auf Leinwand
Graz, Bischofhof, Generalvikariat
Foto: Christian Jungwirth